Möser Justus

Harlekin oder Verteidigung des Groteske-Komischen

Möser Justus

Harlekin oder Verteidigung des Groteske-Komischen

ISBN/EAN: 9783744702164

Hergestellt in Europa, USA, Kanada, Australien, Japan

Cover: Foto ©ninafisch / pixelio.de

Weitere Bücher finden Sie auf **www.hansebooks.com**

Harlekin,

oder

Vertheidigung

des

Groteske-Komischen.

Anche io son Pittore.

Vorbericht.

Der große Trieb, welchen alle Menschen haben, der Welt öffentlich zu sagen, daß sie Thoren sind, verleitet mich eben nicht ein Schriftsteller zu werden. Ich habe diese allgemeine Schuld der Natur vor meinem siebenzigsten Jahre schon bezahlt. Allein das Vergnügen auch in meinem hohen Alter kein Sonderling zu seyn, und vor andern etwas klügers zu schreiben, hat daran einen desto größern und gerechtern Antheil. Möchten nur auch meine Leser nicht zu viel Vernunft darinn

darinn finden! dieses würde mir sonst um so viel näher gehen, je gröſſere Mühe es mir gekostet, dieser Krankheit der Alten zu entgehen. Villeicht sind andere Schriftsteller hierinn glücklicher; ich aber muß zu meiner eignen Schande gestehen, daß es mir manchen schwermüthigen Augenblick gekostet, um als ein erträglicher Narr zu erscheinen. Allein ich will mich hier der so rühmlich überwundenen Zeiten nicht wieder erinnern. Der Wunsch, solche von neuen zu überleben, möchte sonst meine gegenwärtige Beruhigung schwächen. Wann ich nicht irre, so wollte ich eine Vorrede schreiben. Meine Leſer werden es aber meinen Jahren verzeihen, daß ich darauf vergessen bin.

O...   J. M.

Harlekin.

Die Herren Gelehrten mögen bisweilen seltsame Einfälle haben. Denn in der Zeit, daß Kayser, Könige, Fürsten, Grafen, Freyherren, Ritter, Räthe, Kaufleute, Handwerker, und welche ich hier billig zuerst nennen sollen, Frauenzimmer und Geistliche, sich vor meiner Schaubühne einfinden, und mir ihren unverdächtigen Beyfall, durch ein offenherziges Lachen bezeugen; in der Zeit, daß der Bischoff seine Gemeinde, der Staatsminister seine neuen Vorschläge, der Feldherr seine Schlachten, und der alte ehrliche Sancho Pansa seine Statthalterschaft bey mir vergißt: so sitzt der unerbittliche Gelehrte in seinem geerbten Lehnstule, wie der Kayser auf einem alten Reichsstädtischen Groschen, und rechnet nach Gründen aus, ob meine Vorstellungen gefallen können oder nicht?

Eine so vergebliche und doch beleidigende Arbeit würde meine ganze Familie, eine der ältesten und zahlreichsten, welche sich zu Bergamo und vielleicht in der ganzen Welt befindet, in Waffen bringen, wenn uns nicht unser Ahnherr, welcher als ein vorsichtiger Mann allen Unheil unter seinen Nachkommen vorbeugen wollen, in seinem letzten Willen ausdrücklich und wohlmeinend befohlen hätte, überhaupt aller Gelehrten, um unserer nahen Verwandschaft willen, zu schonen, und gegen ihre spitzigen Federn blos mit unsern hölzernen Säbeln zu fechten.

Ob wir aber gleich solchergestalt zu unserer Nothwehr nur ein sehr stumpfes Werkzeug haben: so mögen diese Herren dennoch glauben, daß man denjenigen nicht völlig ungestraft beleidige, welcher die Ehre hat in seiner Allerchristlichsten Majestät Besoldung zu stehen*) und von Haus aus der

klügsten

---

*) Herr Carlo Bertinazzi, ordentlicher Harlekin Sr. Allerchristl. Majestät, genoß eine jährliche Besoldung von 8000 Pfund.

klügsten Nation und einer Familie anzugehören, welche ihren Stifts- und Tourniersfähigen Adel bey allen deutschen Domstiftern besser als Cäsar und Pompejus erweisen kann *).

Es würde mir ein leichtes seyn, nicht allein von dem königlichen Leibarzt, Herrn du Moulin, sondern auch von der ganzen Parisischen Facultät ein beglaubtes Zeugniß beyzubringen, daß noch niemand seine Abendmahlzeit übel verdauet hätte, welcher mein geringes Auditorium mit seiner angenehmen Gegenwart zu beehren sich gefallen lassen. Und wenn meine Herren Collegen, welche die Tugenden und Thorheiten der Menschen in prächtigern oder feinern Gestalten anzuführen berufen sind, einigermaßen

---

*) Pietro Maria Cechini, mein Ur-Ur-Ur-Ur-Aelter Vater, ist, wie bekannt, als der beste Harlekin seiner Zeit vom Kayser Matthias geadelt worden. S. Riccoboni hist. du théatre Ital. im 6. Abschnitt. Der in den neuern Zeiten vom König August geadelte Constantini ist nicht von unserm Geschlechte, wie einige behaupten wollen.

maßen unpartheyisch seyn könnten: so würden sie gewiß selbst gestehen müssen, daß ihre tragischen Prinzessinnen nur um deswillen so oft von einer allzeitfertigen Kolik befallen werden, weil die vorhandenen wenigen Zuschauer, mit Einschluß ihrer Anbeter und Partheygänger, nicht zureichen wollen, den Aufwand der Lichter zu bezahlen.

Allein meine Ehre leidet es so wenig, wie meine Absicht, mir auf frembe Kosten ein abstechendes Ansehen zu geben, oder die Verdauung meiner Freunde, als ein günstiges Vorurtheil vor meine Geschicklichkeit anzuführen; ohnerachtet die größten Naturforscher durch die Bemerkung der Würkungen, als den sichersten Weg, zu allerhand artigen Systemen gelangen. Ich will vielmehr mit derjenigen aufrichtigen Bescheidenheit, womit ein angehender Dichter seine Gönner, die öffentlichen Herren Kunstrichter, in der Vorrede zu hintergehen sucht, sowohl der Oper als dem Trauerspiel, sowohl der eigentlichen Komödie, als dem rühren=

rührenden Lustspiele, einen Vorzug einräumen, welchen ihre glücklichen Verfasser vor sich und ihre wahren Erben, nun und zu ewigen Tagen, mit oder ohne Recht, gegen mich und die Meinigen überall, wo es nöthig ist, verfolgen mögen. Ich will hiemit vor jedermann, dem es zu wissen nöthig ist, öffentlich bekennen, daß die Bezauberungen der Oper ein gegründetes Recht haben, unsere Augen und Ohren zu ergötzen; daß die Majestät des Trauerspiels, wenn der Geist eines Catons unter der Last seines Schicksals arbeitet, oder Zaire weinet, den Zuschauer auf eine angenehme Weise rühre und erhebe; daß die Terenzische und Molierische Komödie ein recht gewürztes und wohlthätiges Lachen erwecke; und daß endlich das rührende Lustspiel alle Reizungen einer wohllebenden, zärtlichen und tugendhaften Schöne besitze, welche die Empfindungen ihrer Liebhaber veredelt. Ja ich will meinen Vorstellungen so gar den Namen einer Komödie freywillig vergeben, wenn einige mit dem strengen Herrn von

Chaſſiron *) dieſen gleichgültigen Tittel einzig und allein denjenigen komiſchen Vorſtellungen, zueignen wollen, welche ſo glücklich geweſen, ſich in dem alleinigen Beſitze deſſelben zu ſetzen. Allein dieſes muß ich mir dagegen mit aller Demuth ausbitten, daß man mir in der Ordnung nach ihnen wenigſtens denjenigen Rang vergönne, welchen meine Vorfahren von undenklichen Jahren ziemlich ruhig behauptet haben. Ich ſchmeichle mir, in der beſten komiſchen Welt ein nothwendiger und angenehmer Bürger zu ſeyn; und hoffentlich wird man mich auch nicht aus einer andern Welt verbannen, worinnen ſo viele Thoren zum größten Dienſte der Weiſen geduldet, ja ſelbſt die Helden, welche ſo manches frommes Chriſtenkind mit ihren ſcharfen Säbeln ums Leben bringen, nicht allein ehrlich begraben, ſondern wohl gar vergöttert werden. Wenn die

) S. Reflexion ſur le comique larmoiant par M. de C... Threſorier de France, Conſeiller au Preſidial de la Rochelle &c. er ſpricht dem weinerlich-komiſchen den Namen der Komödie ab.

die komische Oper, welche sich eine zeitlang alles Beyfalls in Rom, Paris und Potsdam bemächtiget hatte, mit gleicher Bescheidenheit gehandelt, und sich mit dem Range eines Zwischenspiels, welcher ihr ohnstreitig zukam, befriediget hätte: so würde sie gewiß den Neid ihrer Mitbuhlerinnen versöhnet, und nicht beständig zu ihrem Untergange gesieget haben. An dem Tittel Komödie, ist mir ohnedem wenig gelegen. Es schadet einer schönen Polonoise nichts, daß sie nicht die Ehre hat Menuet zu heißen: und manche Blume ist an einer Doris Busem ganz stolz verblühet, deren Geschlecht vom Ritter Linneus niemals bestimmet worden. Meine komischen Vorstellungen mögen künftig immer Harlekinaden heißen, und meinen Namen, so wie ehemals eine Pflanzstadt ihren Stifter, verewigen. Vielleicht ist es mir auch weit rühmlicher, ein eignes Thier in meiner Art zu bleiben, als wie der Löwe zum Katzengeschlecht gezählet zu werden.

Diese

Diese meine aufrichtige und jedem Redner gegen seine vorgesetzte kritische Obrigkeit wohlanständige Demuth erlaubet mir aber nicht, denenjenigen zu schmeicheln, welche die komischen Vorstellungen blos auf die eigentliche Komödie und höchstens auf das rührende oder sogenannte weinerliche Lustspiel einschränken wollen. Die Sphäre des menschlichen Vergnügens läßt sich noch immer erweitern, und der besondere Geist der Engländer hat zu unsern Zeiten selbst in krummen Alleen neue und mehrere Vollkommenheiten als in den ewigen, einförmigen und beständig in einer Linie fortgehenden Lustgängen gefunden, wovon man bey dem ersten Eintritt die ganze monotonische Einrichtung erräth, das Ende immer vor Augen hat, und endlich mit der größten Langeweile erreichet. Die Natur ist unerschöpflich an Gestallten, worinn sie ihre Reizungen den begierigen Augen verschwendet, und Sitten und Leidenschaften sind eben so mannigfaltig, als die unterschiedenen Menschengesichter.

Wenn

Wenn ich also auch gleich kein Redner vor meine eigne Sache wäre: so würde mich dennoch ein bloßes warum nicht? womit Fontenelle so viele unentdeckte Welten bevölkert, von der Möglichkeit mehrerer komischen Arten überzeugen. Ich will hier nicht untersuchen, ob die fürchterlichen Alten eine andere Art, als die Terenzische, gekannt haben. Sonst ließe sich vielleicht aus einigen Scenen des Aristophanes und Plautus zeigen, daß diese großen Meister eben wie Terenz und Moliere, von meinen Vorfahren manche schöne Stellung geborget, und solche mit ihren geschickten Pinseln originalisiret hätten. Vernünftige Leser werden mir ohnedem glauben, daß den Satiren, diesen ersten Schauspielern der Griechen, der Bocksfuß nicht edler, als mir mein buntschäckigtes Kleid gestanden, wozu alle Stände in der Welt, sowohl geist= als weltliche, ihre Läpgen hergegeben haben. Ist aber jemand so ungläubig, daß er auch hieran zweifeln und die Regierung Harlekins des ersten in ein später Jahrhundert versetzen wollte,

wollte, so muß ich denselben zu seiner bessern Belehrung an den grundgelehrten Herrn Magister Stifelius, itzigen Prof. extraord. verweisen, welcher den verlohrnen Theil von Aristoteles Dichtkunst, worinn er meinen Vorfahren ihr gebührendes Recht wiederfahren lassen, durch einige nicht unglückliche Vermuthungen guten Theils wiederhergestellet hat.

So viel bleibet inzwischen gewiß, daß die Natur der komischen Malerey weit mehrere Arten, als die vorhin angeführten erkenne, und dem eigennützigen Zwange zuwider sey, womit ihre beyden angeblich erstgebohrne Töchter die Fruchtbarkeit ihrer Frau Mutter bishero verhindert haben. Meine Leser dürfen sich nur an die verschiedenen Gattungen der komischen Dichtkunst erinnern, um sich hievon auf das lebhafteste zu überzeugen. Wie mannigfältig ist nicht das Heldengedichte und die Oper in ihrem Geschlechte? Die Verfasser von beyden haben bald aus der höhern Geisterwelt, bald aus der Helden = und Ritter = Geschichte, bald unter den Men-

Menschenkindern, bald unter den Thieren, bald aus den unterirdischen Klüften der Gnomen ihre Personen und Schilderungen gewählet, das Kleine ins Große und das Große ins Kleine verstellet, jetzt ihre Figuren im schiefen, jetzt im verzerreten Geschmack geschildert, hier dem Silen ein Bocksmaul mit fingerlangen Zähnen, dort dem Bocke ein richterliches Ansehen gegeben, und überhaupt alle, in der Nachahmung ergötzende Gegenstände in eben so unterschiedenen Arten geschildert, als die Natur in ihren Werken beobachtet, wo unzählige Stücke zu einer Art, und unzählige Arten zu einem Geschlechte gehören. Die heroisch-komischen, die komischen, die von dem rührenden Lustspiel nachgeahmten,*) die Burlesken, Grotesken und Poissarden Opern sind keinesweges

---

*) Herr und Frau von Favart sind die ersten, welche diese Art der komischen Opern verfertiget. La jeune Grecque ist eine vortreffliche Probe davon, und verlieret dieses Stück nichts von seinem Werth, wenn es auch von der Fille d'Aristide der Frau von Graffigny nachgeahmet worden.

weges bloße Spielarten ihrer Gattung, sondern eigne fruchtbare Geschlechter, welche sich wie die wellen-artige Menuet von der sanften Polonoise, und wie das flüchtige Schwabische oder Schottische von dem tragikomischen Spanischen in ihren Tackten und Ausführungen unterscheiden.

Die Art eines Cervantes und Schwifts, eines Despreaux und Fieldings, eines Popen, Zachariä und Duschens, einesGressets und Vades*), eines Scarrons, Buttlers, Garths und Voltaire in der Pucelle, gehören zwar zu dem Geschlechte des Heldengedichts, sind aber in ihrer Art, wie Klopstocks Schöpfungen von Homers wirklichen Helden unterschieden. Und der mannhafte Don-Quichot würde im Vert-Vert, oder der Mikromegas in Gesellschaft der Arabella

---

*) Der liebenswürdige Vadé, Schöpfer des wahren Vandeville, und Verfasser des Heldengedichtes la Pipe cassée, starb zum großen Leidwesen aller guten Gesellschaften, in den Armen der Wollust im 37ten Jahre seines geschwinden Lebens. v. Année litteraire de 1757. p. 350.

Arabella Fermor keine beſſere Figur machen, als der hölzerne Rhinoceros in dem Porzellancabinet zu ·. ·. ·. Selbſt Cervantes und Fielding, die von manchen in eine Klaſſe geſetzet werden, ſind in ihren Arten unterſchieden, indem erſter in der komiſchen Karikatur, letzter aber in den Stellungen nach den Leben und beſonders in moraliſchen Küchenſtücken ſich gezeiget. Und wer nicht die Stücke eines Rubens Vinkenbaums und Vatteaus zu einer Gattung, oder die Satiren, des in ſeinen Zeichnungen ſo vortrefflichen und in den Farben ſparſamen Hagedorns, zur flämiſchen, und die in ihren Farben ſo prächtigen und ſchattenreichen Gemälde eines Youngs *) und Hallers zur italiäniſchen Schule, oder die Harlekine zu Siciliano rechnen will, der muß geſtehen, daß in der komiſchen Malerey, es ſey nun, daß ſolche von dem Dichter, dem Maler,

*) Wenn Young Fieldings Tom hätte er den engliſchen Don Quichot gemalet.

B

Maler, dem Schauspieler, dem Tonkünstler, oder dem Tänzer gebrauchet werde, sehr viele unterschiedene Arten möglich sind, die zu einen gewissen eignen Grad der Vollkommenheit gebracht werden können. Ist aber dieses, warum sollte denn der komische Schauspieler, welcher der Natur nachahmet, und in seinen lebendigen Gemälden den Ausdruck des Pinsels, der Feder, der Saiten und des Fußes übertrifft, bloß an zweyerley Arten gebunden seyn? Was kann man für einen Grund abgeben, warum die verschiedenen Arten der komischen Malerey, welche überall eine so glückliche Mannigfaltigkeit haben, bloß auf der Bühne mißfallen sollten? Giebt es doch im Hirtengeschlechte Trauer- und Lustspiele. Und wenn ich gleich in letztern so wenig, als der Graf von Tüffiere, erscheinen darf; so wird ein jeder Kenner doch empfinden, daß die Einfalt und Unschuld der Sitten, welche dem Hirtengedichte eigen sind, sowohl nach den Leben, als in Grotesken-

Ge=

Gestalten, ausgedrücket, folglich auch hier verschiedene Arten von Lustspielen erfunden werden können.

Ich muß hier eine Note in den Text bringen, welche einen besondern Absatz ausfüllen soll, damit meine eilfertigen Leser sie desto eher überschlagen können. Sie betrifft die Einwürfe, welche man gemeiniglich gegen die Opern macht, und mich gewissermaßen auch treffen könnten, wenn ich sie unberührt auf dem Ansehen der größten Kunstrichter beruhen ließe. Die Oper, sagen sie, ist **unnatürlich**, obschon Herr Remond von Saint Mard den unglücklichen Beweis des Gegensatzes übernommen. Allein ich meines Orts begreife gar nicht, was man mit jenem Einwurfe gewinnen wolle. Die Oper ist eine Vorstellung aus einer möglichen Welt, welche der Dichter nach seinen Absichten erschaffen kann, wenn er nur im Stande ist, selbige dem Zuschauer glaublich zu machen. Die einzige Natur, welche wir in unserer wirklichen Welt haben, ist zu enge vor die Einbildung des Dichters, und alles, was der Opernschöpfer von dieser ohne Noth entlehnet, zeuget von seiner Schwäche. Es würde lächerlich seyn, wenn die Operngötter gleich Adams Kindern sprächen, indem daraus eine Mischung verschiedener Naturen entstehen würde. Die Opernbühne ist das Reich der Chimeren. Sie eröffnet einen gezauberten Himmel, und da die Engel in ihrem seligen Aufenthalt beständig singen sollen: so müßte die Einbildungskraft desjenigen Operndichters sehr matt seyn, welcher seinen Göttern diese Art des höhern Ausdruckes und die Harmonie der theatralischen Sphären entziehen wollte. Es kann also der größte Lobspruch, den man einer Oper, oder einem Heldengedichte, welches seine eigne Welt hat, geben kann, eben darinn bestehen, daß beyde in Vergleichung unserer Welt völlig unnatürlich sind. Und in dieser Absicht sagt Pope von Shakespear, daß man letztern beschimpfe, wenn man ihn einen

Maler

Maler der Natur nennete, da er vielmehr ein Schöpfer neuer Urbilder gewesen *). Aber wiederum zum Text. Kluge Leser werden schon merken, warum ich diesen Einwurf in fremden Namen vorgebauet habe.

Nachdem wir nun solchergestalt dargethan haben, daß noch mehrere, als die bishero bekannten Arten der komischen Schauspiele möglich, und nicht gleich unnatürlich sind, wenn sie schon nicht zu dieser Schöpfung gehören: so sollten wir nunmehro billig zu dem andern Hauptabschnitte unserer Rede übergehen, und mit gleicher Gründlichkeit den unterscheidenden Charakter unserer theatralischen Vorstellungen oder Harlekinaden zeigen. Allein ehe und bevor wir

---

*) His characters are so much nature her self, that it is a sort of injury to call them by so distant a name as copyes of her. But every single character in Schackespear is as much an individuel as those in life it self: it is impossible to find ony two alike. S. Popens Vorrede zu Schakespears Werken.

wir zu diesem wichtigen Werke schreiten, muß ich aus Vorsicht, und damit niemand an dem Nutzen desselben zweifeln möge, von meinen Lesern eine Probe ihrer Freymüthigkeit fordern, welche sie mir aus Dankbarkeit vor mein öffentliches Vertrauen schuldig sind. Diese soll darinn bestehen, daß sie ihrem Verstande, ohne daß ich es höre, ganz insgeheim beichten, wie es nur selten, oder doch nicht oft, wenigstens nicht allemal eine Neigung zur Besserung sey, welche sie der Schaubühne zuführet. Wir müssen zwar, meine Herren Collegen sowohl als ich, vor einigen Leuten, welche uns einen Platz auf dem geweihten Kirchhofe versagen, und die auch noch im Sarge liebenswürdige Le couvreur aus aller Gemeinschaft der Rechtgläubigen verbannen, in allen unsern gedruckten Vorreden behaupten, daß die Besserung der Sitten unsere Hauptabsicht sey. Es ist uns auch wirklich damit so weit gelungen, daß viele von unsern Widersachern theils mit der

Ver=

Versuchung, theils mit den Schauspielerinnen in ein näher Verstandniß gerathen, und unter dem Vorwand einer ihnen wirklich sehr nöthigen Besserung *) selbst vor unserer Bühne erschienen sind, besonders seit dem das Frauenzimmer einen Arbeitsbeutel mitbringen, **) und sein zartes Gewissen damit beruhigen können. Allein wenn man nach meinem Beyspiel mit der Wahrheit hervorgehen will: so wird ein jeder vor sich selbst gestehen müssen, daß die Begierde, sich aufzumuntern und zu ergötzen, ich darf gegen den traurigen Young nicht sagen, eine leere Stunde hinzubringen, die meisten Zuschauer herzuführen pflege.

*) Wenn das Beyurtheil des Parlaments zu Rennes, wodurch die Väter der Gesellschaft J... zu öffentlichen Komedianten erkläret sind, erst durch ein Endurtheil bestätiget seyn wird: so kann ich noch ein mehreres sagen. S. La Gazette eccles. de France de 1757.

**) Es ist dieses nunmehro auch in den Wochenpredigten zu Paris erlaubt.

Ich sehe auch eben nicht, was gegen einen so nöthigen und nützlichen Bewegungs-Grund mit Bestande zu erinnern seyn möchte. Wir lieben den Tanz nicht, um unsere Sitten zu bessern, auch wohl immer nicht, um unsern Körper zu bewegen, wie manches junges Herz seinen Verstand gern bereden möchte. Wir hören eine lustige Musik nicht, weil Graun und Pergolese unsere Herzen bekehren. Nein, wir suchen bloß uns zu besänftigen, zu beruhigen, zu erheitern, und den ermüdeten Geist zu ernsthaftern Pflichten zu bereiten. Selbst das so hochgerühmte Trauerspiel, worinn allein die Großen der Erden sich vor dem Schicksal der Niedrigen bücken, schmeichelt unserer Eigenliebe mehr, als es solche bessert, und oft sind solche Gehrungen in einem Staatskörper, wobey es gefährlich ist, die Majestät nach der poetischen Gerechtigkeit zu bestrafen, oder Schrecken und Mitleiden in solche Herzen zu gießen, welche der Pächter, oder Kriegescommissarius auf eine weit nachdrück-

wircklichere Art zum Bluten bringt. Ist es nun aber hier erlaubt, bloß um die heilsame Arzney des Vergnügens zu genießen, und ohne daß der Nutzen den Vorreihen führet, sich bisweilen dem Tanze oder der Musik zu überlassen, und ein schönes Gemälde zu lieben: so sehe ich gar nicht ein, warum es mir allein verdacht werden wolle, daß ich das Vergnügen meines Nächsten zu meiner Hauptabsicht erwählet habe. Mir deucht, die Freude müsse allezeit in einer Welt willkommen seyn, worinn nach der Rechnung einiger Algebraisten die Maße des Bösen gegen das Gute, wie maximum-minimum stehet. Und wer nur einigermaßen bedenket, wie viel dem Staate daran gelegen, daß ich einen hypochondrischen Minister zu geduldiger Anhörung der Unschuld bewege, einen bedrängten Unterthan in seiner Last ermuntere, eine verdrießliche Landschaft zu Einwilligung neuer Auflagen bereite, und überhaupt ein volles Gemüth belustige, ein niedergeschlagenes erhebe,

B 5 ein

ein ermüdetes von neuen begeistere, und die erschlaffte Hand eines Autors zu neuen Unternehmungen stärke, der wird handgreiflich finden, daß eine alte Operistinn in der Hofkapelle *), wo sie die Gemüther zur Andacht vorbereiten soll, in ihrer Art lange dasjenige nicht leisten können, was ich bishero mit allgemeinem Beyfall aller hohen und niedrigen Standespersonen geleistet habe. Ich, und sonst niemand, kann mich rühmen, daß mehrere Menschen vergnügter von meinem, als jenes Kaysers, Angesicht weggegangen. Und wenn ich meine Sache nach der neuesten Art führen wollte: so könnte ich mit gutem Grunde behaupten, daß ich zur Bevölkerung des Landes mehr, als alle unsere Schriftsteller, den Marquis de Mirabeau nicht ausgenommen, beygetragen, und Ehemänner aufgemuntert hätte, welche sonst nach ihren Geschäfften aus den tiefsten Gedanken

*) Ich nehme die Hofkapelle von Paragoy aus, wo die Einwohner ihre Bekehrung mit einem Tanze anfangen. V. hist. du Paragoy par le R. P. de Charlevoix.

danken in den tiefsten Schlaf verfielen, indem ich ihre erfrornen Sinnen zu neuer Lebhaftigkeit erwärmet, ihre Empfindungen gestärket, und die zu einen todten Schlaf gewohnte Glieder zu rühmlicher Verwegenheit begeistert habe, wie meine nach Standesgebühr Allerhöchst = höchst = und Hochzuehrende Zuschauerinnen, welche wie die Aurora *) des Herrn von Moncrif, ihre, unter dem Beding nicht zu küssen, wieder erlangte Tugend so gern und so geschwind verscherzt, mir selbst bezeugen werden.

Ich weis nicht, ob die weinenden Prinzeßinnen, die Helden, welche sich so erbärmlich tödten, und andere schöne Grausamkeiten mit in diesem Stücke an die Seite gesetzet werden können, wenigstens kenne ich

---

*) Aurora und Titon hatten ihre Jugend unter der Bedingung wieder erhalten, daß ihnen jeder Kuß fünf Jahre kosten sollte. Sie küßten sich darauf einmal, und wurden 5 Jahr älter, die folgende Nacht verloren sie 10 Jahr, und endlich, wenn es wahr ist, die folgende, 55. Glückliche Aurora!

ich sehr viele, die das lange Gerippe des Trauerspiels, welches nie seine Gestalten, sondern nur seine Trachten verändert, mit einem schläfrigen Ekel angesehen, und den Augenblick mit Ungeduld erwartet haben, worinn dieses Gespenst durch mich von der Bühne vertrieben worden. So viel aber ist gewiß, daß meine Spiele und Vorstellungen, welche von mir und meiner Familie, wovon ich nur die Herren Dominique und Gehardi nennen will, geschehen, allemal ein kräftiges und wohlthätiges Lachen erwecket, und manchen Geist, welcher ganz eingerostet war, in eine gemeinnützige Bewegung gebracht haben. Wenn ich also nach meiner gewöhnlichen Unpartheylichkeit urtheilen soll: so müssen junge, verliebte, andächtige Heloisen, und andere Personen, zur Zeit, wo ihnen eine sanfte angenehme Rührung willkommen ist, das Trauerspiel besuchen; wer sich in einer zur Freude ohnehin ziemlich geneigten Gemüthsverfassung findet, der wird am besten thun, sich
die

die Molierischen Komödien zu erwählen; und diejenigen, welche heute den Ton der guten Gesellschaft zu hören wünschen, mögen ihre moralische Seele an dem rührenden Lustspiele weiden.

Allein, nun ist noch eine nicht unfruchtbare Art menschlicher Geschöpfe übrig, welche in ihren beste Augenblicken nach meiner Hülfe lechzen. Auch die strengsten Richter werden nicht leugnen, daß sie bisweilen Stunden haben, worinn sie nicht denken, nicht lesen, und so zu sagen nichts empfinden können, was nicht mit Händen gefühlet werden kann. Es sind Stunden, wo das so sehr gerühmte weise Lächeln unmöglich ist, wo ein allgemeiner Druck von Schwermuth den trägen Körper belastet, und die göttliche Phillis mit ihren entzückenden Bewillkommungen den steifen Muskeln kaum eine kaltsinnige Höflichkeit auspreßt. Der ermüdete Gelehrte gähnet in seiner Abendstunde, und das junge Herrchen fühlt schon kein Vergnügen mehr, die Ge-

fangenschaft des Königs in der tapezierten Mausefalle *) zu lesen; der überlaufene Staatsminister seufzet nach einer Erlösung; und die von einer schweren Mahlzeit aufgehobene Freyfrau ist unschlüßig, ob sie spielen oder in die Komödie gehen will, weil die Fehler ihres Nächsten die vom Plaudern geschwollene Zunge nicht mehr bewegen können. Die Säure hat sich aus dem fürstlichen Magen in die Gegenden des Kopfs gezogen, und die geplagten Hofleute haben ihre schlüpfrigen Erzehlungen nach alphabetischer Ordnung erschöpfet; der Hofnarr, oder, vielmehr der Hausherr, welcher dessen Rolle seit einiger Zeit übernommen, käuet am Zahnstocher, und lobt die Morgenländer, welche ihre Gesellschaft bey Tische mit nackten Gaucklerinnen unterhielten, um die gute Verdauung nicht durch ernsthafte Gedanken zu unterbrechen. Solche Menschen,
und

---

*) Ah quel Conte! und noch einmal. Ah quel Conte! de Mr. *Grebillon* fils.

und überhaupt die große Menge der menschlichen Gesichter, deren Frühling oft nur ein Gähnen ist, hat die weise und auf alles bedachte Natur meiner Vorsorge empfohlen. Sie hat mir aufgetragen, den Schlummer der letzten zu vertheilen, ihre Säffte zu verdünnen, ihre Drüsen zu erweichen, und sie wenigstens alle Tage eine Minute dahin zu bringen, sich ihres Berufs in der Welt erinnern zu können. Man gedenke nicht, daß dieses auch wohl durch gelindere Mittel erhalten werden könne. Das Gehirn dieser Leute ist mit einem zähen Schleim umgeben, und Herr Monnet *) würde gewiß seine mannfesten Freunde aus England verschreiben müssen, wenn er ihre Aufmerksamkeit erwecken wollte.

Es

*) S. *Freron* Lettres sur les ecrits de ce tems T. II. p. 272. Herr Monnet gab Gelegenheit zu den komischen Unruhen in England, und seine Freunde bemühten sich vergebens, ihm den Beyfall der patriotischen Britten mit Schlägen zu erwerben.

Es heißt zwar, die Seele des Weisen lächelt, und der Körper des Narren stürmet ein Gelächter. Allein vielleicht ist diese Unterdrückung der guten Natur ein bloßer Modezwang *). Vielleicht wäre dem Weisen auch bisweilen ein offenherziges Lachen heilsam. Vielleicht lächelte seine Seele einmal darüber, daß ich seinen phlegmatischen Bauch erschüttert hätte. Vielleicht wünschet er die seltene Gelegenheit, einmal aus erweiterter Kehle zu lachen! Vielleicht setzet man mich aber auch daher in die Klasse der possierlichen Figuren, der Pagoden, Meerkätzgen, Cammerjungfern und andern lächerlichen Groupen, welche weiter kein Verdienst haben, als daß sie zum Lachen reitzen. Allein, es gehöret wahrlich eine mühsame Ueberlegung dazu, die rechten Züge und Töne zu erfinden, wodurch die gelähmten und erstarrten Nerven eines Körpers erschüttert werden können. Jeder

Mu-

---

*) *Trubler* ist dieser Meynung. S. dessen Essais Tom. II.

Muſicus ergötzet durch Töne. Darum aber gehöret ein Luigi, ein Buononcini, ein Chariſſimi, ein Locatelli nicht in die Claſſe der Crowder *). Es iſt eine große Wiſſenſchaft, die wahren Stellungen, wodurch ein gutes Lachen erwecket wird, zu erfinden. Ein geſchickter Componiſt kennet die Töne, welche am meiſten rühren. Er wählet ſolche nach ſeinen Abſichten, und wir fühlen, daß einige Töne, vielleicht diejenigen, ſo mit unſern Nerven einſtimmig ſind, ein angenehmes Zittern in denſelben erregen, ja wohl gar ſolche auf eine nützliche Weiſe reizen, trocknen, ſtärken **) und lebhafter machen. Man ſehe die mechaniſchen Wir-

kungen

*) I' th' Head of all this warlike Rabble
Crowdero march'd expert and able,

oder:

Croder de ſon violon jouant vaille qui vaille,
Conduit au combat la guerriére Canaille.

Hudibr. G. II. v. 105.

**) Man kann hierunter weiter nachſehen: Les reveries militaires.

C

kungen der Stellungen und Gemälde an. Ein Kind lachet, wenn man ihm zulacht; ja Ludewig der XIV. that noch ein mehreres, als ihn der hierdurch allein unsterbliche Fiurilli*) auf seinen Arm nahm. Wolf, dieser auf eine andere Art verewigte Weltweise, erhielt in einer sehr ernsthaften Gesellschaft den unvergleichlichen Kupferstich des le Metrie. So wie er aus einer Hand in die andere gieng, entfalteten sich die heiligsten Gesichtsrunzeln. Und wer ein Gemälde ansieht, der wird bemerken, daß die Tiefe der Ausmalungen das Auge verkleinere, die Pracht solches vergrößere, und freudige Stellungen eine heitere Aufklärung in dem Gemüthe des Zuschauers hervorbringen.

Da

---

*) Ludewig der XIV. war damals ein Jahr alt, und wie ihm Fiurilli eine von seinen Grotesken-Minen sehen ließ: so lachte er, und that, was solche Kinder wohl mehr thun. Histoire de l'ancien théâtre Italien par Mrs. *Parfaits*.

Da ich nun sowohl den Augen, als den Ohren malen, und so zu sagen einer ver=
buhlten Schöne gleichen muß, welche ihren Verstand, ihre Religion, ihre Stimme, ja alle Wendungen ihres Körpers in beson=
dern Reizungen verwandelt: so wird man aus obigen Erfahrungen, welche die höni=
schen Gelehrten vielleicht ein Galimathias nennen werden, zum voraus leicht errathen, daß ich mich sowohl über den Tonkünstler, als über den Mahler, erhaben, und meine Panacee vor die Königinn aller Panaceen ausrufen werde. Und gewiß, wenn der Abt Venuti*) dem Verdienste, nachdem es 5709 Jahr seit Erschaffung der Welt zu Fusse gegangen, nicht endlich einen Staats=
wagen geliehen: so wäre ich versichert, dergleichen vor mich allein, und zwar in Paris, vor 120 Pfund monatlich zu er=
halten.

C 2 Damit

---

*) In seinem Triumpho litterario.

Damit aber meine allerseits Hochzuehrende Leser bey so langweiligen Vordersätzen nicht ohne Schluß bleiben mögen: so will ich aus obigen in der Physik und Metaphysik des menschlichen Herzens augenscheinlich gegründeten Wahrheiten nur noch diese Folge ziehen, daß mein Beruf in der besten komischen Welt schon rechtmäßig seyn würde, wenn ich durch meine Vorstellungen auch nur allein den kranken Theil des menschlichen Geschlechtes erwecken könnte, ihr unangenehmes Selbst einer einzigen Betrachtung zu würdigen. Allein ich kann auch auf mein ehrliches Gesicht versichern, daß ich mir die Besserung der Sitten etwas mehr, als beyläufig, angelegen seyn lasse, und zu diesem wichtigen Zwecke auf einem eigenen Wege gelange. Wir werden dieses nunmehro in dem folgenden andern Hauptabschnitte unserer Vertheidigung zeigen. Denn, nachdem ich solchergestalt in einem kurzen Vortrabe den Nutzen

Nutzen meiner Vorstellungen bereits in etwas gewiesen: so hoffe ich einiges Recht zu haben meine Sache in ihrer Ordnung fortführen zu dürfen.

Dasjenige, was man in der Malerey Karikatur nennet, und welches in einer Uebertreibung der Gestalten besteht, dieses ist eigentlich die Art, wie ich die Sitten der Menschen schildere. So gut nun jene Gemälde ihre eigene Regeln und Vollkommenheiten haben, eben so gut sind auch meine Gemälde der Thorheiten einer eigenen Vollkommenheit fähig; ja ich getraue mir zu behaupten, daß die Karikatur, in so weit solche die schöne Natur übertreibt, in ihrer Art unvollkommener, als die meinige, sey, weil der moralische Mensch geschickter dazu ist, als der natürliche. Kann inzwischen der gemalte Riese das Auge des Zuschauers vergnügen: so ist nichts gewisser, als daß eine moralische Schilderung desselben ein gleiches Recht habe, und der Nutzen ist, daß Menschen, welche sich in einer ziemli-

chen

chen Entfernung von der Wahrheit befinden, durch Vergrößerung der Gestalten zu einem deutlichern Gesichtspunkt gelangen müssen. Sind aber nicht alle diejenigen von der Wahrheit entfernet, die entweder aus Dummheit, oder einer verschuldeten Trägheit, das feine Salz der Satire nicht empfinden, und gleichsam auf der Zunge gebrandmarket werden müssen, wofern sie zu einer lebhaften Empfindung gelangen sollen. Wird nicht oft die Dorfgemeine von eben dem Redner eingeschläfert, welcher die Hofkapelle entzückt? Wirft nicht Dreyden den Franzosen vor, daß sie, aus gar zu ängstlicher Beobachtung des regelmäßigen, den größten Haufen der Zuschauer zur baldigen Ruhe bereiten? Wenn nun an jenen Geschöpfen kein Mangel ist, wenn ganze Nationen und Gemeinden in ihrem Geschmacke so verschieden sind: so rechtfertiget sich dadurch die Art meiner Sittenmalerey, da ich kleine Narren in Riesengestalten, und königliche Thoren in chinesischer Miniatur

auf

auf die Bithne zur Schau bringe, damit letztere auch von den Kurzsichtigen in der Nähe betrachtet werden können.

Herr Leſſing, ein Mann, der Einſicht genug beſitzet, um dermaleinſt mein Lob=redner zu werden, würde mir vielleicht hier einwenden, daß die Uebertreibung der Ge=ſtalten ein ſicheres Mittel ſey, ſeinen End=zweck zu verfehlen, indem die Zuſchauer da=durch nur verführet würden zu glauben, daß ſie weit über das ausſchweifende Lächer=liche der Thorheit erhaben wären.

Allein meine gelehrten Feinde urtheilen hier abermal nach ihrer gebeſſerten Empfin=dung, und denken nicht, daß mancher ei=nen Geruch kaum empfinde, welcher dem andern ſchon die ſchwerſten Kopfſchmerzen verurſachet; Sie erwegen nicht, daß es hinter ihnen noch anſehnliche Claſſen von Thoren gebe, vor deren Empfindungen ſie nicht bürgen können. Ich habe es ſelbſt erlebt, wie ich mich in einem bekannten

Stücke durch ein Per li per la unsichtbar machen konnte, zum Schein aber dieses Wort vergessen hatten, und darüber in meiner sichtbaren Gestalt eine lustige Tracht Schläge empfieng, welche mich zu einem erbärmlichen Geschrey bewog, daß ein deutscher Prinz, dem mein Geschrey im Ernst zu Herzen gieng, mir im vollen Eyfer zurief: Um Gotteswillen, so sagt doch: Per li! Ich habe es erlebt, wie der Canut des deutschen Raime vorgestellet wurde, und die Scene kam, worinn Estrithe ihrem Bruder um die Verhinderung eines immittelst zwischen ihrem Gemahl und Godewin vorgehenden Zweykampfs bat, aber in 20 der schönsten Verse die Abscheulichkeit dieser unbefugten Entscheidung vorstellete, daß ein bewegter Fleischer in voller Angst ausrief: Ich wollte, daß der Donner in das Geschwätze schlüge, sie stechen sich ja immittelst funfzigmal tobt.

Man wird mir zugeben, daß die fürstliche Einfalt und die Einsicht des Fleischers, beyde

beyde nach den Regeln der Wahrscheinlichkeit nicht zu vermuthen waren. Indem aber doch Fürsten und Fleischer solche lucida intervalla, wie mein alter Lehrer, ein ehrlicher Rechtsgelehrter, es nannte, haben können; so glaube ich meine Vermuthung noch etwas weiter erstrecken zu dürfen. Ich kenne viele Männer, die mit ihrer Zunge nur Handarbeiten verrichten. Diese haben mir oft gesagt, daß sie sich von keiner Regel eines allgemeinen Geschmackes überzeugen könnten. Die Uebertreibung der Gestalten kann also wohl eben durch einen allgemeinen Satz nicht verworfen werden.

Meine Art der Uebertreibung ist aber doch so fruchtloß nicht, wie meine Herren Gegner behaupten. Ich traf vor einigen Tagen meine alte ehrliche Colombine beym Nachttische vor ihrem Hohlspiegel an. Ich erschrack, wie ich ihr über die Schulter in den ärgerlichen Spiegel sahe. Jede Runzel erschien in demselben, wie eine frisch gepflügte Furche; jeder Sommerfleck war ein rechtes Brandmaal; die ganze Haut ihres Gesichts schien verschimmelt und zotticht zu seyn. Meine Colombine, welche ihre Gestalt hier gleichsam auf eben die Art vorgestellet fand, wie ich die Thorheiten meines Nebenmenschen zu schildern pflege, versäumte aber keinen Augenblick zu ihrer Besserung, und schminkte sich aufs schönste. Nun hätte ich zwar lieber gesehen, daß sie ihre ganze Haut gesprenget, und eine neue zugeleget hätte: da aber diese heroische Handlung mit gar zu vieler Gefahr vor mich verknüpfet war; so verachtete ich auch die Wirkung des Hohlspiegels nicht, und werde von meinen hochgeehrtesten Zuschauern, welche ihre scheußliche Gestalt in meinen moralischen Hohlspiegel erblicken, eben wenig die Sprengung ihrer Haut fordern, sondern zufrieden seyn, wenn sie nur bloß die Entdeckung gemacht haben, welche alle gesittete Frauenzimmer auf die Art meiner Colombine zu machen pflegen.

Gleich=

Gleichwie aber die Uebertreibung der Gestalten an und vor sich allein nicht hinlänglich ist zu vergnügen und zu beßern, wofern nicht zugleich nach Anleitung des Hogarbs dabey gezeiget wird, wie selbige von der wahren Wellenlinie der Schönheit abweichen: also habe ich mich von Jugend auf darauf beflißen, diese Abweichung besonders auszubilden. Und daraus ist die wahre Art meiner Grotesken Karikatur-Malerey entstanden.

Ich hätte hier gute Gelegenheit, den Herren Gelehrten meine Geschicklichkeit anzupreisen, und ihnen zu zeigen, wie glücklich ihre Gestalt zu übertreiben und zu treffen sey. Ich will aber mit gutem Bedacht nur meinen Capitano anführen. Seine dicken Pausebacken strotzen ihm von Winde; seine lange Nase stürmet! seine Augen werden Feuerkugeln; die Borsten seiner Augenbraunen spießen eine kleine Armee; seine Stimme donnert; und wohin er tritt, da springt eine Mine. In dieser Grotesken-Kari-

Karikatur wird nun zwar keiner von unsern artigen Kriegsleuttn seine süße Mine erkennen, sich aber doch auch wohl hüten, in einige heimliche Aehnlichkeit mit meinem Herrn Capitano zu verfallen; wenigstens vergnügt darüber lachen, und des andern Morgens froh seyn, daß er bey mir einen Abend ohne Spiel und ohne Verlust zugebracht habe; wovon ihn vielleicht keine Oper abgehalten hätte, wenn es wahr ist, daß solche ein Pranger sey, woran man seine Ohren heftet, um den Kopf zur Schau zu stellen.

Damit ich hier keinen Vorwurf bekomme, so will ich nochmals anführen, daß, so wie die Groteske-Malerey an keinem Hauptgebäude leicht Platz findet, also auch ich mit meinen Gemälden nur ein Nebenzimmer auf der Bühne verlange. Der Geschmack des schiefen, oder der sogenannte gout baroc, ist gewiß sonderbar schön, gehört aber nicht in Tempel und andere dauerhafte Werke, welche die Ewigkeit

keit erreichen sollen. Nur ein Bartas, le Prince des Poetes François, wie er genannt wird*), ist im Stande, die Größe der Schöpfung in burlesken Verse zu bringen; und ein Thor die H. Dreyfaltigkeit im Geschmack des Vatteau zu fordern **). Ich aber werde mir nie einfallen lassen, die erhabenen Gemälde eines Corneille, oder Racine aus ihren prächtigen Sälen zu verdringen. Allein, ein Schuster von Teniers, ein Federschneider von Dau, und die Figuren von Calot, hangen zwar nicht bey einem Jüngstengerichte von Michel Angelo, sie werden aber doch bewundert. Selbst die kleine Grotesken-Art der Chineser macht ein Gartenzimmer reizend, und Kenner bewundern den Geschmack eines Fürsten, welcher dergleichen nicht in einem Winter-Pallaste, aber mit desto größerem Rechte in einem ganzen Lustgebäude anzubringen gewußt,

*) La Semaine de Bartas.
**) Temple de gout de Voltaire.

wußt, und das Dach in einen chinesischen Sonnenschirm verwandelt. Nicht alle Meister denken von ihrer Kunst so bescheiden; und alle Cabinetter sind nicht mit gleicher Wahl geordnet. Sonst würde man nicht in einem der vornehmsten, die Herzoge in marmoren Perrüken, unter die Brustbilder der römischen Helden gestellet haben. Eine gothische Prälatenmütze auf Cäsars Haupte würde keinen so guten Contrast geben. Doch wiederum zur Sache, ich schweife nach meiner Gewohnheit immer aus, und vergesse, daß ich mich selbst, und keinen Autor vorzustellen habe.

Ich habe gesagt, daß es meine eigne Art zu malen sey, die moralischen Gestalten, und besonders ihre Auswüchse zu übertreiben, und daraus Groteske-Komische Gemälde zu verfertigen. Die Erfahrung könnte mir hier die Gewähr leisten, daß ich solchergestalt eine vollkommene und besondere Art des lächerlichen zur Bühne bringe, wenn ich es nicht auch zugleich nach Gründen

den erweisen könnte. Dasjenige, worüber gelacht wird, was lächerlich und lachenswerth ist, hat sich zwar bishero noch nicht genau bestimmen lassen; weil nach dem unterschiedenen Geschmack der Menschen, mancher über dasjenige weinet, worüber der andere aus vollem Halse lachet. Aristoteles, dieser große Meister in allen Wissenschaften, welcher manchen Gedanken weggeworfen, worauf nachher andere ganze Systemen gebauet, glaubet, der Uebelstand ohne Schmertz würde den ganzen weiten Umfang des Lächerlichen erschöpfen, und so oft ich an den Staatsminister *) gedenke, welcher durch seinen, am unrechten Orte ausgehängten Hemdzipfel den königlichen Staatsrath, mitten in seinen Berathschlagungen über das Wohl Europens zum Lachen bewog; so bin ich fast bereit, ihm recht zu geben. Denn dieser Hemdzipfel war

---

*) Popens Brief an Herrn Cromwell vom 30 Dec. 1710. im IV. Theil seiner Werke.

war ein gewisser Uebelstand ohne Schmerz. Allein ich finde doch bey einer genauern Prüfung, welche Cicero bereits angestellet; eben nicht, daß dieser Satz hinreichend sey, die ganze Lehre des Lächerlichen daraus abzuleiten. Denn nach meiner Logik heißt es: Omne principium debet esse unicum, adaequatum et universale. Die **Größe ohne Stärke** scheinet mir ein weit fruchtbarer Stamm zu seyn; wenigstens ist mir noch nichts lächerliches begegnet, wozu ich nicht den zureichenden Grund in diesem A gefunden. Ein Mann fällt zur Erde und neben ihm stürzet ein Kind. Man lacht über den ersten, weil man seiner Größe Stärke genung zutrauete, um sich vor dem Fall zu bewahren. Letzteres im Gegentheil erwecket Mitleid. Mikromegas, dieses Ungeheuer, in der übertriebenen Art, ist nicht lächerlich, weil er eine seiner Größe angemessene Stärke besitzt. Allein, die durch seine Gegenwart geschwächten Größen; die gedemüthigten Alexanders und Neutons reizen zum Lachen.

Ge=

Gesetzt nun, daß dieser Begriff des Lächerlichen seine Richtigkeit habe, wie ich fast vermuthe, da im Gegensatz alles ernsthaffte stark und groß ist, und selbst die Wellenlinie der Schönheit sich so wenig, als immer möglich, von der geraden entfernet, mithin von der Stärke ihr wahres Ansehen empfängt: so ist eben meine Karikatur-Malerey die höchste Vorstellung des Lächerlichen, indem ich die Gestalt vergrössere, und die innere Seele oder Stärke dieser Gestalt aufs möglichste vermindere. Der mannhafte Ritter bey dem ersten Karikatur-Maler, dem Cervantes, ist ein ausgehöhlter Körper, welcher Größe zeigt und Stärke lügt, und dennoch nach dem Endurtheil des St. Erremonts ist er der rechte Arzt schwermüthiger Seelen. Seine bloße Mine, wie sie Picard und Coypel der Ewigkeit überliefert, hebet eine Oesterreichische Lippe. Und Ninon, dieses originale Mädgen, welchem die Laster zum Verdienst gerechnet wurden, sahe den

D gefror-

gefrornen Schaum, ich will sagen, die betrügerische Gestalt des Marquis von Sevigni, niemals ohne Lächeln. Denn es war eine Größe ohne Stärke.

Ich glaube, daß der Helm des Ritters und mein Schwerd im Anfange der Schöpfung nicht weit von einander gelegen. Wenigstens hat mir die Stimme des Volks, oder der Natur, worauf Moliere und Pope das Urtheil des guten Geschmacks in komischen Werken ankommen lassen, gar oft zu erkennen gegeben, daß meine bloße Figur ihr Zwergfell erschüttert habe. Wenn ich also Könige, Philosophen, Dichter und Helden durch meine Groteske=Figur vorstelle: so müssen solche nach den Regeln so lächerlich, als möglich werden; ihre Thorheiten müssen Pausbacken, und ihre Fehler Bocksfüße bekommen; um so recht im Vertrauen und mit aller Bequemlichkeit des Geistes besehen und belachet zu werden.

Was ich aber billig, als ein Geheimniß meiner Familie, bewahren sollte, ist
dieses,

dieses, daß ich in allen meinen Ausbildungen den Anstand einer Dummheit behalte. Dieser Anstand, oder das wahre Goffo, welches die Franzosen durch naif nur halb ausdrücken, schattiret alle meine Gemälde und rettet meinen Rücken. — Ein Mann, der das Unglück hat Verstand zu besitzen, und solchen fein auszudrücken, wird allemal wohl thun, fürstlicher Thorheiten zu schonen. Und wenn ein anderer, als Sancho, dem Herrn Baccalaureus das Räthsel vom Esel aufgelöset hätte: so würde es ohne Emfindung nicht abgegangen seyn. Alle meine Mitbrüder in der höhern Classe des komischen hingegen müssen diese Klugheit beobachten. Ich aber mit dem Anstande meiner Einfalt kann die höchsten und niedrigsten, Fehler, so lange ich keine Bosheit blicken lasse, kühn aufdecken, ohne die Empfindung des getroffenen zu verbitten. Er wird sich schämen, sich von einem Narren beleidiget zu halten, und doch das seinige daraus nehmen; eben wie der Gelehrte

das

das Lob eines kleinen Geistes verachtet, und es doch heimlich mit zu seinem allgemeinen Beyfall rechnet. Dumme Leute loben nach Empfindung, Kluge nach Absichten. Und im Zweifel muß man beydes zu seinem Vortheil annehmen.

Ich weis es nicht, ob es mir allein oder andern auch so vorkömmt, der Diener in der Livree, welcher seinen Herrn zum Narren hat, scheinet mir nicht wohl ausgedacht zu seyn. Gleichwohl ist in den übrigen komischen Vorstellungen dieser Diener gemeiniglich der Controlleur der Sitten. In meiner komischen Republik pflege ich eben dieses wichtige Amt selbst zu bekleiden. Allein das Auge des Zuschauers ist gewöhnet, meiner Figur dasjenige zu verzeihen, was dem Laquais mit allem Rechte übel genommen werden kann. Und wenn ich Narr meinen Herrn zum Narren habe: so ist der Zuschauer damit zufrieden, daß ein Narr den andern plage. Dieses ist die Wirkung meiner scheinbaren Dummheit. Und über-

überhaupt ist die dumme List, oder der Schein derselben, unter allen Vorstellungen die lächerlichste. Denn es ist eine Größe des Vorsatzes ohne Stärke des Geistes: Der Schlüssel zu allen komischen Heldengedichten. Die aufrichtige Freude des Scaramusche, da er diejenigen, welche ihn derbe geschlagen, um deswillen noch auslacht, daß er sie betrogen und durch seine von mir entlehnte Kleidung zu einem Irrthum in Ansehung der Person verführet habe, ist noch immer ein Meisterstück des Lächerlichen in dieser Art.

Meine Sprache, la goffissima lingua bergamasca, ist der wahre Ton einer gewissen Einfalt. Und so wie der Capitano ein Neapolitaner, der Dottore ein Bologneser, Valerio ein Römer, und Isabella eine Florentinerinn seyn muß: eben so richtig ist es, daß Bergamo die einzige Gegend in der ganzen Welt sey, welche das vorzügliche Glück hat, selbst die Bühnen Ihrer päbstlichen Heiligkeit mit einem Harlekin aus ihrem

ihrem Schooße zu versorgen. Es soll sich zwar ein naher Verwandter von mir in Bayern oder im Oesterreichischen niedergelassen haben, und eine Nichte der Isabella zu Leipzig befinden; ich weiß aber nicht, ob dermalen noch eheliche Kinder von ihnen daselbst vorhanden. So viel ist jedoch gewiß, daß kein Niedersachse zum Harlekin gebohren.

Doch es ist Zeit, daß ich zu einem wichtigern Gegenstand schreite. Meine Leser kennen nunmehro mein Geschlecht, meine Person, meinen Gemüthschärakter, meine Art die Sitten zu malen und die Gemüther zu erheitern. Allein, wie siehet es um die Ausführung aus? Wie elende ist das Gemische der Harlekinaden? Ohne Wahl, ohne Ordnung, ohne Einheit, ohne Ton, ohne Absicht . . . . Niedrig kriechend, unanständig, possenhaft . . . voller Zoten, liederlicher Anspielung ausgestopfter leerer Einfälle, ewige Sprichwörter . . . ist alles, was wir

wir noch bishero von diesen so hochgerühmten Karikatur-Gemälden gesehen haben: sagen meine unermüdeten Feinde, die Herren Kunstrichter. Die Natur, setzt Milord Buckingham hinzu, hat allen Menschen ihr Antheil Thorheiten zugetheilet, und keinen Harlekin erschaffen, welcher sich mit der Last aller menschlichen Thorheiten allein beladen sollte.

Allein mit Erlaubniß, wenn meine Leser noch nicht hungrig sind; so werden sie mich auch hören, oder ihr Urtheil so lange verschieben, bis sie gegessen haben. Denn ich beurkunde hiemit eigenhändig und öffentlich, daß alle Mißgeburten dieser Art, welche zwey Köpfe und mehrere nicht zusammenpassende Glieder haben, keinesweges von mir abstammen, wenn sie gleich unter meinem Namen die Welt durchstreichen, und sich vor Geld zur Schau stellen lassen. So lange es möglich ist, daß meine Stücke die Einheit der Handlung, des Orts und der Zeit eben so gut, wie andere, behalten

D 4 kön=

können, und dieses wird keiner der Grotesken-Malerey absprechen; so lange es möglich ist, daß die Grotesken-Blößen eine sittsame Verhüllung leiden; und so lange überhaupt die Natur der Grotesken-Malerey aller Vollkommenheit fähig ist: eben so lange werden jene Einwürfe nicht mich, sondern diejenigen untergeschobenen Flüchtlinge treffen, welche mancher armseliger Trauerspieler an Kindesstatt aufgenommen, und in seine Heldengeschichte gemischet. Hanß Wurst der Dreyzehnte, welcher mit Carl dem XII. die Bühne betritt, ist nie von meiner Familie gewesen, und ich gebiete hiemit allen meinen Nachkommen, sich bey Verlust meines väterlichen Segens alles Umganges mit demselben zu enthalten; ja ich gehe in meinem Eifer so weit, daß ich hiemit alle diejenigen von meinen Enkeln enterbe, welche sich in einem weinerlichen Lustspiele, oder statt der Musik zwischen den Auftritten des Trauerspiels gebrauchen lassen, und verdenke es Molieren, daß er

einige

einige von meinen Grotesken-Figuren in seine Vorstellungen nach dem Leben gemischet, und damit die Einheit seines Gemäldes verletzet. Der Sohn des Groß-Türken im Bourgeois gentilhomme, welchen er mir abgeborget, steht in meinen Gemälden an seiner rechten Stelle, anstatt daß er in dem seinigen gar zu sehr absticht. Terenz hatte seinen Davus; der ungleiche Goldoni wählet in den Vorstellungen des täglichen Haushalts einen Trappola, Rivella, Truffaldino, und nur alsdann erscheine ich mit recht, wenn die ganze Schöpfung der Bühne Grotesk ist. Der Cardinal Pallavicini hatte meine ganze Familie auf ein Kaminstück malen lassen, die Herren Scapin und Mezzetin stunden daneben, und jedermann bewunderte die Wahl des Gemäldes.

Doch ich muß denen Herren Gelehrten gelehrt antworten, und mit ihnen von der Einheit der Gemälde sprechen, wovon sie unter allen am wenigsten verstehen. Ich denke

denke hier nicht an die Einheit der Zeit des Orts und der Handlung, welche kein Meister in der Kunst verletzen wird; da man alles leicht in eine Haupthandlung flechten, die entferntesten Geschichte durch die Erdichtung in einem Zeitpunkt vereinigen, und ohne Verletzung der Regeln sich mit der beschwerlichsten Einheit des Orts*) nach Art eines Voltaire vergleichen kann. Ich will auch von der weitläuftigen Einheit der Absicht, wodurch sich fast alle Gemische rechtfertigen lassen, nichts

*) Die Einheit des Orts ist die beschwerlichste unter allen. Im Orest des Herrn von Voltaire stellet die Bühne den Strand des Meeres, ein Holz, einen Tempel, einen Pallast, ein Grabmaal zur Seite und Argos in der Ferne vor. In der Semiramis fängt die dritte Handlung ein Cabinet an, und endiget sich im Saale. Der Herr von Voltaire versteht unter die Einheit des Orts eine ganze Stadt, so, daß eine Handlung im Capital anfangen und sich in einem Hause endigen kann. Der Herr von Aubignac, welcher in seiner Pratique du theatre François, solche auf ein einzig Zimmer einschränken will, hat niemals selbst vor die Bühne gearbeitet. S. Le Philosophe au Parnasse François im IV. Briefe.

nichts erwehnen. Denn, wenn die Absicht eines Verfassers ist, alle Regeln zu verletzen, und er thut es auf eine glückliche Art: so ist sein Werk einig und vollkommen. Im Ritzcuansat sind alle mögliche Todesarten der tragischen Helden zusammen gehäuft; Im Pot de chambre cassé wechselt das erhabenste mit dem allerniedrigsten ab; Im Quodlibet liegt die Charte beym Cubach. Eine Posse ist Witz ohne Stärcke: Wer diese Art des Witzes lächerlich machen will, dem erlaubt seine Absicht solche Possen zu machen, wodurch er diesem Endzwecke eine Genüge leistet. Dergleichen Mischmasch ist durch die Einheit der Absicht verbunden, ohne welche ihr Anblick unerträglich seyn würde. Oft macht auch die Natur dergleichen Sprünge in ihren Gemälden; und wenn Jones, nachdem er gegen das Fräulein Western seine erhabenste Zärtlichkeit ausgekramet, gleich darauf mit der ersten Nimphe zu Bette geht: so entsteht daraus kein Fehler wider die vom Horaz angepriesene

sene Einheit des Charakters. Denn Fielding malte keinen Romanheld, sondern einen jungen Menschen, dessen Einheit aus einem nicht wunderbaren Gemische bestund.

Die Einheit des Tons, welchen in der Musik fast ein jeder kennet, und wodurch das Concerto der Stimmen, der Farben, der Stellungen, der Personen, und kurz, aller zu einem ganzen versammleten Theile erhalten wird, ist dasjenige, was dem Auge der Kenner nicht entwischet, und zu der wesentlichen Schönheit des ganzen gehöret. Eine nackte Unschuld, welche dasjenige mit der Hand bedeckt, worüber ein Zephir die braunen Locken streuen sollte, sündiget wider die Einheit des Tons. Wenn Corneille aus dem heroischen ins natürliche; und Racine aus dem erhabenen zärtlichen in die menschliche Sprache der Verliebten tritt; wenn Cupidons Glut- und Liebes-Pfeile um Catons stille Größe schwärmen; wenn ein Deutscher das Wort

Wort *François* in der Zayre durch Frantzos *)
übersetzt; wenn eine ungeschminkte Person
bey Abend unter Geschminkten auf der
Bühne erscheinet, und solchergestalt den
heutigen Cothurn auszieht; wenn eine
einzige Stimme auf der Bühne nicht in das
Concerto der übrigen gehöret; wenn eine
Prinzeßinn nicht mit Anstand zürnet, oder
ein Hirte im Trauerspiel, wie bey seiner
Heerde spricht; und was dergleichen Fälle
mehr sind, wovon ich hier nur aus jeder
Art einen angeführet habe: so fühlet ein
jeder Kenner, daß der Mangel der Einheit
des Tons das ganze Gemälde verstelle.
Ein großer Meister drohet oft, aus einem
Ton

*) **François** hat im Franzößischen einen Adel, den
es im Deutschen nicht hat, und muß daher noth-
wendig in der Zayre durch Franke übersetzt werden, zumal da in der Türkey, wo die Handlung
ist, alle Christen Franken heißen, und die Deutschen das von dem Herrn von Voltaire so ge-
schickt mit eingeflochtene Lob der Französischen
Nation entbehren können.

Ton in einen ganz fremden überzugehen; allein er besitzt die Kunst auch, das Widrige zu vereinigen, und den Gedanken in einem Largo zu heben, welcher in einem Menuet geschmeidiger und freudiger den geschwinden Händen entschlupfte. Ein Maler dämpft die verwegensten Farben nach dem allgemeinen Schatten seines Stücks; er bringt einen Hund in Salomons Opferung, setzet ihn aber in eine solche Entfernung, und legt ihm ein solches Erstaunen und so viel Ehrfurcht in die Augen, daß man fast glauben muß, er gehöre mit dazu. Ein Satyren zwingt Löwen und Lämmer zu dem Sitze des Orpheus; und die Macht der Musik erschaffet in ihren Augen Entzückung und Frieden. Ja ich kenne einen Trauerspieler, welcher alle seine Prinzeßinnen erst nach der Flöte stimmt, um das Concerto zu erhalten, und die Töne der Wörte unter einen Schlüssel zu bringen.

Die Haupt-Einheit des Stückes, welche Corneille sehr oft einer kühnern Schönheit

heit aufgeopfert, Voltaire aber niemals verletzet, begreifet in ihrem weitesten Umfange, und so weit das feineste Gefühl derselben reichet, nicht das mindeste, was nicht in meinen Gemälden beobachtet werden könnte. Ich gerathe in eine Art von Entzückung, wenn ich die Harmonie meiner Grotesken-Schöpfung betrachte. Ich, als die Hauptperson, zeige mich immer mit einem mir eigenen Anstand in der besten Stelle, und sättige das begierige Auge mit lachenden Freuden. Alle meine Mitspieler folgen stufenweise nach mir, und unter denselben findet sich keine einzelne abstechende Schönheit, welche die Aufmerksamkeit auf das Ganze unterbräche, oder vor andere um Verzeihung flehete. Durch mich erhält das ganze Gemälde Leben, und man siehet, daß das Daseyn der andern von mir, als dem Hauptwesen abhängt. Die verschiedenen Arten des Lächerlichen schwellen in ihrer Ordnung zu einer vollendeten Karikatur, und die Abstiche sind durch den allge-

meinen

meinen Schatten zur Genüge gedämpfet. Die Herren Mezzettin, Scapin, Trivelin, bilden ganz unterschiedene Abfälle des Lächerlichen ohne Mißtheile*) zu veranlassen. Meine Colombine, mein Capitano, mein Dottore vermehren den Grotesken Controst. Ein jedes von meinen Lazzis giebt eine passende Groupe ab; und kurz die allgemeine Einheit des Tons fehlet meinen Gemälden nicht.

Was die Wahl meiner Stücke betrifft: so sind zwar sehr viele darunter, welche zu den Einfädelungen pieces à tiroir, gehören. Allein ich bin erstlich noch nicht überzeugt, daß solche in meiner Art ganz verwerflich sind, indem doch jede theatralische Geschichte im Grunde nur ein Fuhrwerk ist, um seine Lehren und Einfälle zu Markte zu bringen. Gesetzt aber, daß diese Art Komischer Vor-

*) Da man im Deutschen Mißtöne und Mißfarben hat: so glaube ich auch Mißtheile, welche das eigentliche disparate veranlassen, sagen zu können.

Vorstellungen nicht nach den aristotelischen Regeln wären: so sehe ich doch nicht ein, warum ich nicht eben wohl ein paar Groteske Geschöpfe verheyrathen, und damit, nach dem Beyspiel meiner Mitbrüder, die Einheit der Handlung erhalten könnte.

Die Possen, die Anspielungen, die Zweydeutigkeiten, sind Behelfe solcher Bettler, welche unter meinem Namen die ehrbare Welt hintergehen und zugleich einen Beweis abgeben, wie vieles ich mir von dem Zuschauer versprechen könne, wenn derselbe sogar dergleichen Aftergeburten seines Gelächters würdiget. Ich, und alles, was von unserer Familie ist, wird sich aber nie, einen solchen Vorwurf zu Schulden kommen lassen. Es gehen mithin alle obige Anklagen nur wider diejenigen, welche als Gespenster in meiner Gestalt erscheinen.

Wenn dieses aber auch nicht wäre; so glaube ich doch, daß die Art der Grotesken-Malerey, da solche eine beständige Aus-

E schwei-

schweifung ist, mehrere Freyheiten, als andere Komische Stücke, habe. Dryden, um das Feld derselben zu erweitern, tadelt, wiewohl mit Unrecht, einen Racine, daß er seine Roxane in dem Tone des Stücks rasen ließe, und dadurch eine Monotonie verursachte. Seiner Meynung nach wäre die Natur der Leidenschaften überall einerley. Der Wohlstand fiele in den großen Bewegungen weg, und eine rasende Königinn, oder ein rasendes Heringsweib, wären sich in diesem Augenblicke beyde gleich. Der Dichter müsse die Natur malen, wie sie wäre. So wäre die Ophelie im Hamlet gerathen. Und nach diesen Grundsätzen schimpfen Drydens Octavia und Kleopatra troß einer Prinzeßinn vom Holzmarkte. Er rechtfertiget dieses mit dem Exempel des Achilles, welcher in seinem Zorn einem erhitzten Packenträger nichts nachgäbe.

Nun leugne ich zwar nicht, daß der allgemeine Ton des Stückes den Contrast beschwerlicher mache, und deswegen die

Hand

Hand eines Meisters erfodere, damit aus der Symphonie keine Monotonie werde; ich leugne nicht, daß der großmüthige Stolz eines Gußmanns, der großmüthige Haß eines Zamore, die großmüthige Liebe einer Alzire, die großmüthige Dankbarkeit eines Alvarez, da alle Personen in die genaueste Einheit des Tons gestimmet sind, einen langweiligen Gleichlaut erwecken könne. Allein um deswillen, daß ein kleinerer Geist, als Voltaire, Fehler begehen könnte, halt ich Dryden nicht berechtiget, die Einheit des Tons zu verwerfen. Die Erziehung dämpfet alle Leidenschaften zu einem eignen Wohlstande, und eine Königinn wird immer erhabener, als eine Bäurinn, schimpfen. Die Schaubühne im Trauerspiel ist der Hofsaal, und wer darinn den Zutritt hat, von dem wird Anstand, diese Wölkung aller Handlungen in seinen heftigsten Ausschweifungen vermuthet. Zur Zeit Homers war der Vorsaal eines Königes mehr gemischet, und

Prinz Telemach lebte mit dem Kuhhirten vertrauet.

Ueberhaupt aber zeuget es von der Größe des Meisters, der immer die Gerichtsbarkeit seiner Kunst erweitert, wenn er alle mögliche Gegenstände in den allgemeinen Gesichtspunkt seines Stückes bringen, und einen Eyerkuchen so heben kann, daß er in einem ernsthaften Heldengedichte kein Mißtheil wird. Dieses sind Meisterzüge, und man gebe Graun alle dem Anschein nach widrige Töne, durch seine Geschicklichkeit wird er sie alle vereinigen, und in einen Hauptthon auflösen.

Inzwischen hätte ich doch Lust mir vor meine Wenigkeit die Anmerkung des Dryden zu Nütze zu machen. Denn die Groteske-Malerey ist dem Sonderbähren günstig, und ein prächtiger König, wenn ich ihn, wie der Maler dem Hund zur Opferung, schildere, kann unmöglich zu einen solchen Mißtheil in meinen Gemälden werden, als der Arzt im Sejan
des

des Ben-Johnsons; weil sein Pinsel an weit strengern Regeln als der meinige gebunden. Bey mir kann ein Mischmasch verschiedener Naturen, zur Noth ein Grotesßkes Quodlibet heissen, und in solcher Art mit durchwischen. Der goût bâsoc erfordert zu seiner Vollkommenheit unähnliche Theile. Berain*) hat vor vierzig Jahren sogar zwey- und dreyköpfigte Grotesken, geschwänzte und geflügelte Drachen erfunden, gezeichnet und in Mode gebracht. Garth in seiner Dispensary fällt oft ohne Mittel aus einem Ton in den andern, und vielleicht ist Pope in seinem Lockenraub, wenn er aus dem Komischen in das blos Satirische übergehet, von diesem Fehler nicht so frey als Boileau im Pult; allein eben die

*) Frecon Lett. 1. Tom. I. schreibt diesem seinen Landsmann, wie die Franzosen gern thun, die Erfindung dieser Art Grotesken zu. Ich sehe aber nicht warum, da die Einbildung der Dichter und Romänenschreiber längst mit dergleichen Geschöpfen angefüllet gewesen.

Freyheiten der Komischen und Grotesken Malerey kommen ihnen einigermaßen zu statten. Man würde es aber einem Klopfstock nicht verzeihen, wenn er die Liebe der Cibli nur um ein weniges natürlicher gemacht hätte.

Ich konnte hieraus die Folge ziehen, daß die Vermischung unterschiedener Arten in meinen Grotesken-Gemälden nicht so strenge als in andern verboten wäre. Allein ich will in meinem Satze, wie der Divan beharren und behaupten, daß meine Vorstellungen ihrer eigenen Regeln und Vollkommenheiten eben so fähig sind, als andere Lustspiele; und daß diejenigen von Michel Angelo*) della scopa sind, welche solche nicht besitzen.

In den alten Zeiten erschienen alle Schauspieler verlarvet auf der Bühne, und
so

---

*) Michel Angelo della rota war der bekannte große Maler; und die Italiäner nennen einen Pfuscher Michel Angelo della scopa.

so herrschte auch in der Wahl der Kleidung eine gewisse Einheit, weil alle Larven komisch waren. Man vermied dadurch einen entbehrlichen Vertrauten, welchem die Prinzessinn oft nur weiter nichts, als ihren Namen zu sagen hat, um sich der Zuschauern bekannt zu machen. Der Charakter eines jeden Schauspielers zeigte sich gleich in seiner Maske. Meine Colombine aber, welche gern ihr schönes Gesicht zeigen wollte, verließ zuerst diese löbliche Gewohnheit; der Dottore glaubte auch in seiner langen Perucke, wie ein Minister mit dem Fernglase, kenntbar genug zu seyn, und der Capitano berief sich auf seine stürmende Mine. Nur ich, obschon alle von meiner Familie sich durch ein gewisses Weisse im Auge von andern Menschen unterscheiden, die Herren Scapin, Mezzetin, Trivelin haben unsere Masken behalten, weil wir so unterschiedene Arten des Lächerlichen ausbilden, welche dem Zuschauer nur durch Hülfe der Malerey ausgedruckt werden können.

Mir

Mir sieht ein jeder die gute lächerliche Dummheit an, Herr Scapin ist spitzfündig, Mezzetin hönisch, Trivelin gränlich, Pierrot baurisch = lächerlich. Dieser auf der Bühne ohne eine Reihe charakterisirender Handlungen einem jeden Zuschauer nicht wohl anders zu entdeckende Contrast, wird durch unsere Masken, Kleidungen, Stellungen, Geberden und Lazzi unterstützet, und die ganze Menge sieht, kennet und belachet uns in demselben Augenblicke. Die Beschuldigung des Milord Buckinghams ist also ungegründet, indem wir die Thorheiten des menschlichen Geschlechts ziemlich vertheilen, und einzelne nicht mehr übernehmen, als Milord*) selbst getragen hat. Allenfalls aber sehe ich nicht ein, warum

die

---

*) Georg Villiers, Herzog von Buckingham, Verfasser des Lustspiels The Rehearsal, war ein Staatsminister, Goldmacher und Narr, wie Pope in seinem Briefe an Allen Lord Bathurst sagt. Dryden schildert ihn eben so, unter dem Namen, Zimri.

die Narren in der schmierischen Schöpfung nicht eben so gut ihre eigene Natur haben sollten, wie ihre Urbilder in der wirklichen.

Wenn ich sehr genau gehen wollte, so würde ich mich gar von dem Herrn Scapin, Mezzetin und Trivelin trennen. Denn auch selbst meine Art der Komischen Malerey läßt sich in mehrere Zweige vertheilen. Die Frahzosen, welche die Arten der Thorheiten am besten bearbeitet haben, sichten den mächtigen Unterschied zwischen Bouffon, Burlesque und Poissard. Der Verfasser des Philo bouffi hat sogar ein herois poissard erfunden. Und Scapin sowohl, als Mezzetin sind eigentlich Geschöpfe aus dem Poissarden=Geschlechte, worinn lächerliche Größen dem hönischen Auge des stolzen Weltweisen gemalet werden.

Der Abt le Blanc,*) welcher England, wie ein Reisender die Provinzien nach dem

*) Lettres sur les Anglois Tom. III.

ersten schlechten Wirthshause beurtheilet, verfällt in diese Art der Beschuldigungen bey Gays Bettlers Oper und Wicherleys Stücken, und wundert sich, daß ehrliche Leute in Gesellschaft der Bettler und Strasenräuber ein Vergnügen finden können. Mich wundert es aber noch mehr, daß heilige Männer eine gemalte Hölle, und die verschiedenen Ausdrücke der Raserey, des Schreckens und des Jammers mit vergnügter Aufmerksamkeit überschauen können. Ein König steigt zu seiner Erquickung gar gern von seinem Thron herunter, und jedermann findet eine Art des Vergnügens, bisweilen aus seiner Laufbahn zu schweifen. Man betritt mit dem Gil-blas des le Sage und der Amalie des Fieldings ganz gern die niedrigsten Stufen des menschlichen Lebens, findet sich dort oft, als in seiner Heymath, und erholet sich von den prächtigen Geschichten, womit uns die Erdichtung in einem regelmäßigen Tone unterhalten. Das Leben großer Herren ist ein beständiger Roman. Sie

Sie sehen das wahre gemeine Leben nie, es sey denn auf der Bühne. Hier kann ein Bauer auftreten, ohne des Oberhofmarschalls Erlaubniß zu haben.

Doch ich sehe, daß mich der Unwille aus meiner Gemüthsverfassung gebracht, und zu einem Ernst verleitet habe, welchen ich in meinem Leben nur einmal empfunden. Es war dieses in meiner zartesten Jugend, wie mich mein Vater mit Schlägen zum Grotesken abrichtete, ich auf die Bühne lief und die Zuschauer mit Thränen bat, nur ein einzigmal zu lachen, damit mein Vater besänftiget würde. Seit dem hat meine Einbildung allen sterblichen Wesen ein paar Hörner oder lange Ohren zugesetzet, um allemal in einer Grotesken-Welt zu leben.

Es geschiehet niemals ohne Ehrfurcht, daß ich an die Apologie der französischen Geistlichkeit gedenke, wodurch die Gewohnheit der jährlichen Narrenfeste gegen das bischöffliche Verbot vom 12 Merz 1444 zu recht-

rechtfertigen sich bemühete*). Die Thorheit, heißt es in diesem ernsthaften Werke, ist dem Menschen gleichsam angebohren, und gewinnet durch diese sanfte und heilige Ergötzung jährlich nur einmal ihren Ausbruch. Frische Weine sprengen das Faß, wenn man ihnen nicht das Spundloch öffnet. Es sey ferne von mir, daß ich eine solche abscheuliche Ge-

---

*) Dict. Encycl. unter dem Worte: Fetes des foux. On elisoit dans les Eglises Cathedrales un Eueque ou un Archeveque des foux & son Election etoit confirmée par beaucoup de bouffonneries qui servoient de sacre. Cet Eveque elû officioit pontificalement et donnoit la benediction solemnelle au peuple, devant lequel il portoit la mitre la Crosse et meme la croix. Dans les Eglises qui relevoient immediatement du pape on elisoit un Pape des fous, au quel on accordoit les ornemens de la papauté, afin qu'il putagir et officier solemnellement comme le Saint Pere. Des Pontifes de cet Espece etoient accompagnés d'un clergé aussi licentieux. Tous assistoient ce jour là au service divin en habits de mascarade et comedie. Dieses war die heilige und stille Ergötzung. Der Verfasser des Artikels setzt hinzu, daß er noch das ärgerlichste ausgelassen habe.

Gewohnheit, wie das Narrenfest war, billigen sollte. Allein der Grund der Vertheidigung ist wahrlich aus der menschlichen Natur genommen, und ich fühle in mir selbst, daß die Freude eine Bedürfniß unserer Seelen, und der Trieb dazu eben so gegründet, wie der zum Trinken sey. Die weisesten Männer erwarten, bey einer kleinen komischen Erzehlung, mit Ungedult den Schluß zum Lachen. Die Geistlichkeit verlanget ihre setes des fous, und die Weltlichen sind sehr zufrieden, wenn ich ihnen eine freye Gelegenheit dazu verschaffe. So ist es zu jederzeit gewesen; nur der Geschmack ist feiner geworden. In allen Heldengedichten wird eine Liebesgeschichte angebracht; Dido und Henriette d'Etrees sind aber ganz anders, wie Aurencide, Dame Polimarde und die Heldin von Hug und Wolf Dietrich*). Der Anfang jeder Wissenschaft ist

*) Meine Leser werden die beyden ersten kennen. Aurencide, die Schwester des Sultans von Persien, schildert sich ihrem Liebhaber folgendergestalt:
Regarde

ist allemal unvollkommen, und mit sehr groben Fehlern gezeichnet gewesen. Wenn aber endlich aus den Liebes-Episoden eine erhabene Cöliſ entſtanden, warum ſollte denn nicht auch noch die Groteſke-Sittenmalerey zu ihrer Vollkommenheit reifen? Und was kann unſere Feinde bewegen, die Beſchuldigungen gegen mich zu wiederholen, welche ſeit undenklichen Jahren nur einen Haußwurſt getroffen haben? Das Gaſſen-

Regarde s'il y a quelque vice dans mou corps, Mon poil n'eſt ni dur ni brun, mon teint ni obſcur ni roux, ma chair encore moins rude ni ſalle. Je crois que le tetin ne te ſemplera mal ni l'un trop proche de l'autre, le ventre n'eſt ni ridé ni fletry, les bras ſont charnus et les cuiſſes bien rondes … S. L'hiſtoire de Palmerin d'olive c. 126. Dame Polinarde ließ ihren Palmerin mit der Strickleiter ins Fenſter, und erzählte ihm einen Traum, der ſehr ſchwer zu erfüllen war.

 Die Schöne des Hug und Wolf-Dietrichs
  Die thäte ſich aufdecken
  Die Jungfrau überall ....
  Da ward dem Helden reine
  Gar teufliſchen ſtahn.
S. das Heldenbuch im andern Theil p. 423.

Gassenlied war im Anfange eine gereimte Zote. Nachher hat es ein französischer Prinz zu seiner glücklichsten Beschäfftigung gemacht, bis es endlich die Ehre gehabt, ein ordentliches Lehrgedicht zu erwecken *).

Dem sey aber, wie ihm wolle; so erwecket die allgemeine Uebereinstimmung, worauf Hume die Vielgötterey, und andere den Gegensatz gegründet, eine rechtliche Vermuthung vor mir. Ich sehe meinen philosophischen Hörsaal niemals leer, und der selige Herr von Hagedorn, welcher in seinen Ansprüchen auf die Freude so unbillig war, daß er von jedem gedruckten Werke wenigstens einen guten Gedanken forderte, versäumte solches selten. Er lachte, wie andere lachen, und antwortete dem spitzmündigen Tadler nicht, welcher sich nach der Ursache seines Lachens erkundigte. Ihm war es genug diese Wohlthat ungekitzelt zu genießen, und seine Augen aufzuklären, wenn sie von vielen Lesen erstarret waren. Er dachte wie von Essen

 Eh bien soit, voious l'Opera!
 De l'humeur dont je suis tout me divertira.

Die größte und wichtigste Wahrheit ist diese; daß jeder Mensch wechselsweise klug und närrisch ist. Das mehrere und wenigere
          in

*) Le vaudeville poeme didactique de Mr. Sedain.

in diesem Gemische entscheidet sein Lob. der große Staatsminister, welcher den Friedenschluß mit Spanien auf dem geheimsten Theile seiner Geliebten unterschrieb, beförderte nichts destoweniger das Wohl Europens. Ich in meiner Wenigkeit fordere nur eine Stunde aus dem Tage des Weisen: Ich lasse ihm also noch drey und zwanzig zu seinen übrigen Beschäfftigungen, und derjenige ist wahrlich weise, der nur eine Stunde nicht verlieret, sondern zu seiner nöthigen Ermunterung anwendet. Der Ausspruch strenger Sittenlehrer schrecket mich nicht. Diese mögen immerhin die Castraten vom Fegefeuer freysprechen, und die schönen Sängerinnen dorten ihre verlohrnen Stunden nachholen lassen; ich werde dennoch das Glück der erstern nicht beneiden, und hoffentlich mit meiner Arbeit vor das allgemeine Vergnügen die Strafe der letztern nicht verdienen.

Meine Leser werden mir erlauben, hier Abschied zu nehmen, weil es nach ihrer Uhr gerade eine Stunde seyn wird daß ich ihre wichtigen Beschäfftigungen unterbrochen habe.